RÉPONSE

DES DÉPUTÉS

DE

SAINT-DOMINGUE,

AU RAPPORT DU CITOYEN

DOULCET DE PONTECOULANT,

ADRESSÉE

AU CONSEIL DES ANCIENS.

———

LE conseil des cinq-cents vient d'adopter, d'après le rapport d'une commission spéciale, une résolution qui annulle les élections faites par l'assemblée électorale de Saint-Domingue, et qui porte, que les citoyens nommés par cette assemblée députés au corps législatif, n'y seront pas admis.

Cette résolution doit-être incessamment soumise à l'approbation du conseil des anciens : c'est à la justice de ces derniers que nous nous empressons de

A

soumettre quelques observations que leurs collègues n'ont pas jugé devoir entendre.

Les motifs que présente le rapporteur pour prouver l'illégalité des élections de Saint - Domingue, et par suite de toutes celles qui pourraient être faites par les autres colonies de la France , se divisent en deux classes.

Il prétend avoir puisé les uns dans la constitution ; les autres sont le résultat de considérations politiques , et de la situation particulière de Saint-Domingue.

Pour refuter les allégations du citoyen Doulcet , suivons la marche qu'il nous a tracée lui-même dans son rapport.

« Les colonies ont-elles pu dans l'an IV nommer des députés au corps législatif ? ? »

Le rapporteur prononce sans balancer la négative, et il se fonde : 1°. Sur l'article 155 de la constitution ; 2°. Sur l'article de la loi du 13 fructidor, an III.

« Le premier est ainsi conçu : *Tous les fonctionnaires publics* dans les colonies françaises , seront nommés par le directoire exécutif jusqu'à la paix. »

« Le second porte textuellement : Les assemblées tant primaires qu'électorales, qui vont être successivement convoquées , le seront par anticipation sur celles de l'an IV , pendant lequel il n'en sera plus tenu. »

Nous avouons d'abord que nous sommes loin de voir entre ces deux articles l'accord et la conséquence que le rapporteur prétend y trouver ; ils nous ont paru au contraire présenter un résultat tout différent , puisque l'un tend à priver les colonies *jusqu'à la paix* du droit de nommer des

représentans , et que l'autre n'a pour but que
d'éloigner aujourd'hui du corps législatif des citoyens nommés pendant l'an IV.

Mais une lecture attentive des deux articles cités
par le rapporteur , suffira pour prouver que les
auteurs de la constitution n'ont jamais prétendu
leur donner le sens que le citoyen Doulcet s'est
efforcé de leur prêter.

« Tous les fonctionnaires publics dans les colonies , seront nommés jusqu'à la paix par le directoire exécutif. »

De deux choses l'une , ou la constitution a voulu
comprendre dans la dénomination générale de *fonctionnaires publics* les députés au corps législatif,
ou elle a désigné simplement par ce mot les admi-
nistrateurs et les juges.

Sans doute, il serait trop absurde de raisonner
dans la première hypothèse : car, comment supposer
aux législateurs constituans l'idée extravagante d'attribuer au directoire exécutif la faculté de nommer
des représentans du peuple ?

Dans le second cas , pourquoi faire dire à l'article 155 ce qu'il ne dit pas effectivement ? Pourquoi
lui donner une interprétation que démentent formellement l'ensemble, et plusieurs autres articles
particuliers de la constitution ?

*Les assemblées primaires se réunissent de plein
droit le premier germinal de chaque année* , dit la
constitution , article 11 , titre 3.

De quelle force peut être contre un texte aussi
précis le commentaire le plus spécieux et le plus
péniblement travaillé ? Quelle autorité constituée ,
quel agent du gouvernement oseraient luter contre
le vœu de la constitution aussi formellement ex-
primé ?

Les colonies françaises font parties intégrantes de la république, et sont soumises aux mêmes lois constitutionnelles, dit l'article 7, du titre 1er. de la constitution.

Pour être soumises aux mêmes lois, il faut que les colonies jouissent du même droit, des mêmes prérogatives ; or, quelle prérogative plus sacrée, quel droit plus incontestable que celui de concourir à la nomination des représentans du peuple *dont on fait partie ?*

D'ailleurs, qu'on porte les regards sur le tableau des élections à faire par chaque département ; tableau annexé, par décret exprès de la convention, à l'acte constitutionnel ; tableau destiné à diriger dans leurs opérations les assemblées électorales ; tableau enfin qui a servi de guide à celles de Saint-Domingue. N'en résulte-t-il pas que les députés des colonies entrent essentiellement dans la composition et dans le complément de la représentation nationale ? et conséquemment les exclure du corps législatif n'est-ce pas avouer, ou que la représentation nationale est incomplette, ou qu'elle a été complettée contre le texte et le vœu de la constitution ?

Toutes ces vérités sont tellement incontestables, que le conseil des cinq-cents vient de prouver tout récemment encore qu'il en était lui-même convaincu.

Dans le nouveau tableau des élections dont il vient d'arrêter l'envoi aux prochaines assemblées, le nombre des députés de Saint-Domingue se trouve réduit de 22 à 13. Cette réduction, motivée sur une connaissance plus exacte de la population de cette colonie, démontre au moins bien positivement que cette même colonie a conservé le droit de concourir, avec toutes les autres parties de la république, à la formation du corps législatif. Il y a plus, c'est que la loi relative aux prochaines élections renferme un article diamétralement opposé à la résolution que vient de prendre le conseil des cinq-cents, sur le rapport du citoyen Doulcet.

Dans tous les cas, dit l'article de la loi du 6 pluviôse dernier, les colonies et l'isle de Corse ne pourront nommer plus des deux tiers de la totalité de leurs députés ; et sur ces deux tiers, l'un sera élu pour deux ans, et l'autre pour trois.

Donc le corps législatif a consacré de nouveau le droit imprescriptible des colonies, en leur fournissant lui-même les moyens d'établir dans son intégrité le nombre de leurs représentans : donc le corps législatif n'a pas cru alors qu'il existât dans la constitution un titre qui l'autorisât à les priver de ce droit *jusqu'à la paix* ; donc les inductions tirées par le citoyen Doulcet, de l'article 155, sont elles-mêmes contraires à l'acte constitutionnel.

Celles que lui suggère l'article de la loi du 13 fructidor, ne nous paraissent ni plus fondées ni plus raisonnables. En effet, il est clair pour tout homme qui veut réfléchir, que la défense faite aux assemblées primaires ou électorales de se réunir dans le cours de l'an 4, ne regarde que celles qui ont pu consommer leurs élections avant la fin de l'an 3, et ne peut ni ne doit s'étendre à celles des colonies, qui à peine à cette époque avaient connaissance de la constitution elle-même. Cela est si vrai et si conforme aux vues de la convention, qu'elle a rendu le ... vendémiaire une loi qui porte : « Que les députés actuels de Saint-Domingue resteront *provisoirement* dans le sein du corps législatif, jusqu'à ce qu'il ait été procédé à leur remplacement *d'après le mode déterminé par la constitution.*

Si elle eut prétendu que l'article ... de la loi du 13 fructidor fût applicable aux colonies, n'eût-elle pas déclaré positivement que ces députés resteraient au corps législatif jusqu'à l'an 5 ? n'eût-elle pas fixé un mode pour former à cette époque les députations des colonies ? n'eût-elle pas enfin pris à cet égard une détermination précise, et qui ne donnât lieu à aucune espèce d'incertitude ?

Nous croyons avoir démontré que les élections de Saint - Domingue n'étaient contraires ni à l'article 155 de la constitution, ni à l'article . . . de la loi du 13 fructidor, et conséquemment réfuté les reproches d'illégalité qui leur sont faites. Examinons maintenant les considérations politiques qui ont porté le conseil des cinq-cents à les frapper de nullité.

Avant d'entrer dans une discussion détaillée des motifs présentés par le rapporteur, il serait peut-être essentiel d'approfondir une question à laquelle le maintien de notre organisation sociale nous paraît essentiellement attachée. Cette question consiste à savoir si la constitution, en attribuant au corps législatif le droit de prononcer définitivement sur la *validité* des élections, lui a donné la faculté de suspendre ou d'annuller *par des considérations politiques quelconques* ces mêmes élections, dans telle ou telle partie de la république. La constitution n'ayant rien prononcé de positif à cet égard, le corps législatif a-t-il pu prendre sur lui d'interpréter son silence et se rendre ainsi juge d'une cause dans laquelle plusieurs de ses membres peuvent être avec raison soupçonnés de partialité (1).

Mais enfin supposons lui ce droit, et parcourons successivement toutes les considérations qui ont dé-

---

(1) Le citoyen Dumolard avant d'entrer dans la commission chargée d'examiner les procès-verbaux d'élections de Saint-Domingue, avait fait connaître son opinion particulière, en traitant les députés de cette colonie : *de prétendus députés.*

terminé sa décision. Pour les réfuter encore, il suffit de développer et de présenter sous leur véritable point de vue des faits dont le citoyen Doulcet se contente de donner un apperçu trés-court, et souvent peu exact ; de rétablir des époques qu'il a confondues, de relever enfin quelques erreurs qu'il a commises.

Le rapporteur prétend qu'au moment des élections, la colonie présentait le tableau de l'anarchie la plus complette ; et à l'appui de cette assertion, il cite l'extrait d'une lettre écrite par les agens du directoire.

Le citoyen Doulcet se trompe en confondant ici deux époques bien distinctes, qu'il est juste et nécessaire de séparer. La lettre des agens est postérieure aux évènemens des Cayes, et à ceux du port de Paix ; elle peint la situation des colonies pendant le cours de ces évènemens fâcheux ; elle se ressent de la division qui s'éleva momentanément alors entre quelques membres de la commission. Or, la révolte des Cayes éclata plusieurs jours après la convocation des assemblées primaires ; celle du port de Paix eut lieu prés d'un mois après les élections consommées. Ces insurrections *partielles, que les agens ne pouvaient pas avoir prévues*, ne devaient donc pas les empêcher de procéder à une convocation dont l'acte constitutionnel et leurs instructions leur faisaient au contraire un devoir impérieux.

Mais ajoute le rapporteur, ce qui prouve l'affreuse situation dans laquelle se trouvait alors St.-Domingue, c'est la triste nécessité où furent les agens *de déclarer la partie du Nord en danger.*

Nous observons d'abord que cette déclaration est du premier fructidor, et que la réuniou des électeurs n'eût lieu que 20 jours après : mais qu'on lise le *considérant* qui précède cette déclaration, et l'on

verra qu'elle fut motivée par la descente imprévue
d'un corps de troupes anglaises et d'émigrés qui
venaient se joindre aux brigands *de la Grand-*
Rivière. Si cette descente put inspirer aux agens
un arrêté, dont le principal but était de réunir
sous les drapeaux de la république les jeunes
gens de 18 à 25 ans, pouvait-elle être à leurs yeux
un motif suffisant pour interdire à toute la colonie
l'exercice de ses droits politiques ? N'auraient-ils
pas alors paru coupables de pusillanimité aux représentans d'une nation qui, en 1792, se forma en
assemblées primaires en présence de presque toute
l'Europe armée contr'elle, quoique le corps législatif eût aussi déclaré *la patrie en danger*, quoique
une portion de son territoire fut envahie par l'en-
nemi, et qni choisit au bruit du canon les fonda-
teurs de la république ?

D'ailleurs il est un fait dont ne parle pas le citoyen Doulcet, parce que sans doute il l'ignore,
c'est que le jour même où le corps électoral ouvrait
ses séances, le général Pierre Michel, envoyé
pour combattre les ennemis, rentrait au Cap à la
tête d'une armée victorieuse, et que la commission
déclara en ce moment, au nom du gouvernement
français, que lui et ses soldats *avaient bien mé-*
rités de la république : déclaration qui, si elle
n'anulle pas, attenue au moins beaucoup la première.

Une des considérations sur lesquelles le rapporteur insiste davantage, est la non - division des
colonies en départemens et en cantons.

Consultons encore à cet égard le texte de la
constitution. L'article 7 s'exprime ainsi :

Le corps législatif déterminera la division de
Saint-Domingue en quatre départemens, au moins
en six au plus.

C'est donc au corps législatif qu'est réservé le droit

(9)

de faire la division prescrite par l'acte constitutionnel; si cette division n'est pas opérée, si le vœu de
la constitution n'est pas rempli, c'est donc *le corps
législatif seul* qu'on en doit accuser, les colonies
ne peuvent donc pas être victimes d'un retard auquel
elles n'ont pas le droit de remédier elles-mêmes,
à moins qu'on ne prétende attribuer au corps législatif celui de les priver de députés autant de tems
qu'il lui plaira d'ajourner leur division constitutionnelle. Mais nous allons prouver encore que la loi
elle-même a prononcé en faveur des élections de
Saint-Domingue. Il est un axiôme de droit incontestable qui dit *qu'une loi a force d'exécution jusqu'à ce qu'elle ait été abrogée par une autre.*

Or, la loi du 10 juillet 1791 dit expressément
que *l'île de Saint-Domingue ne forme qu'un seul
département dont les paroisses sont provisoirement
assimilées aux cantons.* Voilà donc une division de
Saint-Domingue bien clairement établie par une loi
qui seule a pu servir de base aux élections, puisqu'aucun acte du corps législatif ne l'a point encore
annullée et que la constitution au contraire l'a confirmée en disant, art. 6, titre 1er, *les cantons conser-
veront leurs circonscriptions actuelles.*

Les agens pour se conformer à cette loi devoient
donc réunir les électeurs au Cap et ils n'ont pas dû
trouver un prétexte suffisant de changer ces dispo-
sitions dans les dangers auxquels le citoyen Doulcet
prétend *assez gratuitement* que cette réunion les ex-
posait. Par le même motif la réclamation de Bois-
rond jeune, que cite le rapporteur, tombe d'elle-
même; sur-tout lorsqu'on saura qu'il était lui-même
électeur de la partie du Sud, et est aujourd'hui dé-
puté de Saint-Domingue.

Si le conseil des cinq-cents eut ajourné sa décision jusqu'après le rapport de la commission des colonies, il eut bientôt apprécié à sa juste valeur cette
protestation de la commune des Cayes dont le rap-

porteur prétend encore tirer une induction favorable à son opinion ; il eut reconnu dans cet acte arraché par la violence à des citoyens tremblans pour leurs jours, le résultat et la conséquence de la révolte qui venait d'éclater dans une partie du Sud ; il y eut reconnu l'ouvrage de ces mêmes chefs militaires qui venaient de faire scission ouverte avec la commission du gouvernement français, d'avilir et d'emprisonner ses délégués, etc. etc. ; il eut vu qu'en s'insurgeant *le jour même où toute la colonie, convoquée par les délégués de la France, se livrait avec enthousiasme à l'exercice du plus grand, du plus auguste de ses droits quelques factieux voulurent se ménager les moyens de protester un jour contre la volonté générale.*

Le citoyen Doulcet n'ayant présenté ses autres motifs que comme des moyens surrérogatoires, nous nous bornerons à les parcourir successivement dans le résumé qui termine son rapport.

RÉSUMÉ.

Texte. « *Les cantons n'ont point été circonscrits* « *d'une manière constitutionnelle.*

« *Les départemens ne l'ont point été* ».

Réponse. Au corps législatif seul appartient le droit de faire cette circonscription, jusqu'à ce qu'elle soit terminée : la circonscription *actuelle*, déterminée par la loi du 10 juillet 1791, n'étant point abrogée, est maintenue de droit, et confirmée provisoirement par la constitution.

T. *Il n'y a point eu de convocations légales, il ne pouvait pas y en avoir.*

R. La convocation a été faite, conformément à la constitution, par une autorité établie, et avouée par elle, et d'après le mode fixé par les lois des 5 et

13 fructidor. Non - seulement cette convocation *pouvait* être faite ; mais les agens du directoire ne pouvaient , sans violer les droits du peuple , s'y opposer ou en retarder l'époque.

« *Les agens ont fixé arbitrairement , et sans con-*
» *noissance exacte de la population de la colonie ,*
» *le nombre des électeurs que chaque assemblée*
» *primaire devait fournir. Cet état de population ,*
» *base de la représentation , a été reconnu fort*
» *exagéré ; il vient d'être considérablement diminué*
» *par le corps législatif.*

R. Les agens devaient se conformer au tableau annexé à l'acte constitutionnel ; si la population y est exagérée, c'est à ceux qui avaient commis l'erreur, et non aux agens , qu'il appartenait de la rectifier.

Aucune loi ne leur défendait d'indiquer aux assemblées primaires le nombre d'électeurs qu'elles avaient à fournir ; les circonstances leur en faisoient peut-être un devoir dans les colonies.

T. « *Des témoins oculaires déposent d'irrégula-*
» *rités et de violences graves commises dans les*
» *assemblées primaires* ».

R. Aucune réclamation *légale* , de la part des assemblées , tant primaires qu'électorale , ne fait mention de ces prétendues violences : si dès dépositions *isolées* pouvaient être admissibles en pareil cas , quelle assemblée populaire seroit, à cet égard, à l'abri de l'accusation ?

T. « *Aucun procès - verbal , aucunes pièces ne*
» *justifient que ceux-là seuls y ont voté, qui avaient*
droit de suffrage ».

R. La constitution a laissé aux assemblées primaires leur police intérieure ; le corps législatif ne peut s'immiscer dans leurs opérations particulières, que lorsqu'elles élèvent elles-mêmes quelques réclamations. Au reste , presque tous les habitans de la colonie avoient droit de voter dans les assemblées primaires , puisqu'il n'en est presque pas un qui n'*ait porté les armes* et fait au moins *une campagne* contre les ennemis de la république.

T. « *Les agens particuliers ont convoqué les* » *électeurs des trois provinces dans une seule as-* » *semblée ; ils ont forcé les habitans de deux cens* » *lieues de côte de se rendre à un même point ,* » *au travers des dangers de toutes espèces , qui* » *s'opposoient à leur marche , et rendoient leur* » *réunion presqu'impossible.*

R. La loi du 10 juillet 1791 , que nons avons citée , leur en imposait l'obligation. Rien ne prouve l'existence des dangers dont on parle , puisqu'il est constant qu'il n'est pas un des électeurs , jaloux de se rendre à son poste , qui n'y soit parvenu sans accident (1).

» *Le département du Nord , où les agens réu-* » *nissaient les électeurs des trois provinces , était dé-* » *chiré par des dissensions intestines , par une guerre* » *civile, si grave, que la commission avait déclaré ,* » *par un arrêté du premier fructidor , que ce dépar-* » *tement* était en danger ».

R. Nous avons donc démontré que ce motif n'avait pas pu empécher les agens de convoquer les assem-blees primaires ; que , d'ailleurs , au moment où l'assemblée électorale se réunissait , les ennemis et les rebelles étaient vaincus , et que , conséquem-ment les périls de la partie du Nord n'existaient plus.

____

(1) *N. B.* Témoins les électeurs d'Aquin et Saint-Michel , communes du Sud , et tous ceux de l'Ouest outre-mer , dont les communes sont , *l'Anse-à-Veau , Grad-Goavé , Petit-Goavé , Léoganes , Cayes Jacmel ,* et *Bainet.*

« *Cette élection est contraire à la loi du 13 fruc-*
» *tidor, qui dit expressément qu'il ne sera point*
» *tenu d'assemblées primaires pendant l'an 4.*

» *Elle est encore contraire à l'article 155 de la*
constitution ».

R. Nous croyons avoir prouvé que l'interprétation
donnée à ces deux articles, était forcée et contraire
tant à leur véritable sens qu'à l'esprit même de la
constitution.

« *Enfin, la question qu'elle présente a été so-*
lemnellement décidée par la loi du 24 frimaire der-
nier, et il faudrait qv'elle fût préalablement
rapportée » . . . . .

La décision prise par le corps législatif, le 24 frimaire, nous paroît entièrement étrangère à celle
qu'il doit prendre sur des élections faites plus de
deux mois avant ; mais sans discuter ici les motifs
qui la lui ont dictée, nous le laissons maître de
juger si, dans tous les cas, il y aurait plus d'incon-
véniens à rapporter, qu'à prendre pour base de ses
opérations ultérieures, une loi qui seroit bien clairement démontrée contraire à la constitution ?

Nous ne chercherons pas à approfondir les raisons
qui ont porté le citoyen Doulcet à insérer dans son
rapport l'extrait d'une lettre adressée par le com-
missaire Sonthonax à l'assemblée électorale de Saint-
Domingue, et à rapprocher ensuite les expressions
qu'elle renferme de quelques autres faits qui se sont
passés depuis dans l'intérieur de la commission,
rapprochement que le citoyen Doulcet a reconnu
lui-même être entièrement étranger à la discussion
actuelle.

Mais nous ne pouvons nous empêcher de nous arrêter un instant sur la réflexion que laisse échapper
le rapporteur, immédiatement après avoir cité l'extrait de la lettre dont nous parlons.

« Nous nous sommes demandés , dit le citoyen
« Doulcet ; si, dans un pays *où la moindre étincelle
peut produire une explosion terrible* , ce langage
« de Sonthonax étoit propre à rapprocher les es-
prits ».

Certes ; si cette phrase de Sonthonax a pu paroître
au citoyen Doulcet capable de produire dans la colonie une explosion terrible , quel résultat croit-il
devoir attendre du projet de résolution qu'il a sou-
mis au conseil des cinq-cents et qu'il est parvenu
à lui faire adopter *avec tant de précipitation ?*

Que veut dire , que vont faire ces hommes qu'on
ne cesse de montrer à la France revêtus et *abusans*
de tous les pouvoirs , auxquels on ne daigne accor-
der d'autres sentimens que ceux de la vengeance
et de la férocité ? ne craint-on pas de leur mettre
de nouveau les armes et la torche à la main , lorsqu'ils apprendront que leur choix ont été méconं-
nus , que leurs députés ont été repoussés du corps
législatif ? que penseront-ils désormais d'un gouvernement qui , après les avoir déclarés libres et les
égaux en droits de tous les autres citoyens , les as-
sujétit cependant à la plus humiliante exception ?
que diront enfin tous les habitans de Saint-Domingue
qui ont concouru à ces élections !, lorsqu'au moment même où l'acte constitutionnel leur est présenté comme un gage certain de leur réunion à la
grande famille qui compose la république , ils se
verront enlever le plus beau de tous les droits que
cette constitution leur garantit ?.....

C'est au conseil des anciens qu'il appartient de
mûrir aujourd'hui ces importantes questions qu'il
étoit de notre devoir de lui soumettre et de les résou-
dre de la manière qu'il croira le plus utile aux colonies et le plus propre à assurer la tranquillité dans
ces parties intéressantes de la république. Convaincus
de la justice qui l'anime , forts de la bonté de la

eause qui lui est soumise , nous attendons avec con-
fiance le résultat de ses délibérations.

A Paris , le 11 ventôse , l'a. 5 de la République
française une et indivisible.

Signé , Et. LAVEAUX , BOIS-ROND , jeune ,
PETINIAUD , BROTHIE , P. THOMANY.

De l'Imprimerie de la rue Honoré , n°. 2,
vis-à-vis le Boulevard.